AF563185

THÉOPHILE

DELCOURT

Valenciennes. — Imp. Louis HENRY

DISCOURS

Prononcé le 19 Décembre 1866

DANS

L'ÉGLISE NOTRE-DAME DU ST-CORDON

A VALENCIENNES

Par M. l'abbé LASNE,

AUX FUNÉRAILLES

DE M. DELCOURT-DUBOIS

Décédé le 17 Décembre 1866.

Hæc est victoria quæ vincit mundum, fides nostra.
La victoire qui triomphe du monde, c'est notre foi.
1 Jean v. 4.

« L'homme a ici-bas une grande victoire à remporter, et c'est de là que dépend sa destinée immortelle. Après avoir triomphé des ennemis extérieurs, il faut qu'il triomphe de son propre cœur ; et souvent les ennemis du dehors ne sont si puissants que parce qu'ils trouvent à l'intérieur des complices dans les penchants de la concupiscence native. Mais plus la victoire est difficile, plus elle est glorieuse, et quand on se trouve en face des restes mortels d'un homme vertueux dont la vie toute entière a offert le spectacle constant de cette lutte et de ce magnifique triomphe, on se rappelle involontairement cette sentence des livres saints : *Memoria justi cum laudibus.* — La mémoire du juste mérite des louanges. (Prov. x. 7.)

» Sans doute la douleur de la séparation laisse au cœur de ceux qui restent une plaie profonde ; mais il est une voix qui parle plus haut que la voix de la douleur ; c'est celle de la reconnaissance publique qui réclame un hommage légitime en faveur d'un de ces bienfaiteurs généreux qui se sont voués au bien de leurs frères ; et puisque notre voix est appelée à remplir ce lugubre ministère, faisons violence à notre douleur pour proclamer du haut de cette chaire le triomphe de la grâce divine dans une âme qui, au milieu des défaillances de la nature humaine, a toujours été fidèle à son inspiration.

» Dieu disait à son peuple par la bouche du prophète Michée : (Mich. VI. 8.) « O homme, je te montrerai ce qui est bon, ce » que le Seigneur demande de toi : pratique la justice, aime la » miséricorde, et marche avec sollicitude en la présence de ton » Dieu. » — Et le Sauveur des hommes ne reprochait-il pas aux Scribes et aux Pharisiens d'avoir négligé ce précepte salutaire, pour suivre des traditions purement humaines : « Vous » omettez ce qu'il y a de plus important dans la loi : la justice, » la miséricorde et la foi. (Math. XXIII. 23.)

» Celui que nous pleurons n'a point mérité le même reproche, ô mon bon Sauveur ; il a pratiqué ces trois vertus d'une manière admirable.

» Sa justice a éclaté en présence de Dieu et des hommes dans les emplois honorables et dans les hautes fonctions qu'il a gérées. Son caractère franc et loyal y a déployé toute l'énergie dont il était doué, et toujours pour le soutien du droit et le triomphe de l'équité. Il ne connaissait pas ces demi-mesures qui ne sont souvent que des accommodements suspects où la conscience doit être à l'étroit. Il voyait le bien, il le voyait avec une pureté d'intention que rien n'obscurcissait, et après avoir tout pesé dans la mesure de la prudence, il marchait par la voie droite sans s'inquiéter des obstacles ni des vaines susceptibilités. Oh ! qu'elle est belle, dans l'homme public, cette justice qui ne pactise jamais avec l'iniquité, et ne fait point violence à la conscience !

» Et n'est-ce pas le témoignage unanime que dans cette cérémonie funèbre vous rendez à cet homme équitable, qui a laissé à ses concitoyens l'exemple d'une vie sans tache et d'une loyauté irréprochable, soit dans les opérations financières auxquelles il a présidé pendant un grand nombre d'années, soit comme juge dans les tribunaux de commerce, soit dans les charges de la municipalité où il veillait aux intérêts publics. Si en présence d'un tombeau, les louanges humaines n'étaient pas superflues, ne pourrions-nous pas rappeler que tout dernièrement encore, le gouverneur de cet immense établissement financier auquel il appartenait à des titres si glorieux, manifestait hautement et par des preuves non équivoques la profonde estime qu'il faisait de ses talents et de sa prudence ?

» C'est cette vertu qui a fait en lui l'homme, l'homme droit et intègre, dont le plus léger nuage n'a point terni la loyauté, et dès lors sa mémoire peut braver l'oubli des temps, selon l'expression du sage : *Non recedet memoria ejus.*

» La Sainte Ecriture joint souvent la miséricorde à la justice : ces deux vertus se complètent. La justice respecte le droit et fait triompher l'équité. La miséricorde va au devant de la douleur et de la souffrance : elle encourage, elle ranime les cœurs les plus abattus. C'est pourquoi elle a été tant exaltée dans l'Évangile : « Je veux la miséricorde et non le sacrifice, disait le Sauveur des hommes. Bienheureux les miséricordieux, car ils obtiendront miséricorde. » (Math. v. 6.) Ils obtiendront miséricorde ! sainte espérance qui fait vibrer d'une joie toute céleste, au milieu des pleurs d'un deuil funèbre, les cœurs qui ont aimé cet homme juste, mais généreux, dont la miséricorde fut si éclatante ! Comme il est dit du saint homme Job : Cette vertu était née avec lui, elle a grandi avec les années, dilatant son âme par un amour immense pour les pauvres et les membres souffrants de Jésus-Christ.

» Mais il ne voyait pas seulement dans l'indigent des souffrances corporelles à soulager ; il y voyait un frère à sauver, une âme à relever de l'état d'abjection où l'avait trop souvent jeté l'ignorance ou le vice. Charitable Samaritain, le pauvre était à ses yeux comme ce voyageur dépouillé de tout par les voleurs, et laissé à demi-mort, à qui il faut rendre la vie de l'âme et du corps.

» Pour s'y dévouer avec plus d'intelligence et de succès, il s'associa dès l'origine à une œuvre magnifique, qui est issue des entrailles de la charité catholique, et qui sera l'une des gloires de notre siècle, je veux parler de la Conférence de

St-Vincent-de-Paul. Avec la noblesse de ses vues, la hauteur de son esprit et la vivacité de sa foi, il avait compris tout ce que cette institution a de grand, de noble, de salutaire pour ses membres et pour les pauvres qu'elle est appelée à soulager. Il en devint bientôt l'âme, quand la présidence lui eut été confiée d'un consentement unanime. Il est impossible d'énumérer tout ce qu'il a fait pour le bien de la classe indigente. Il connaissait les pauvres ; il voulait sonder par lui-même la plaie de la misère, et s'assurer de tous ses besoins. Assidu dans ses visites, exact à toutes ses fonctions, vigilant, bon et ferme à la foi, il semblait ne vivre que pour les pauvres, dont il était vraiment le père.

» L'administration des hospices et le bureau de bienfaisance dont il fit partie pendant vingt-huit ans, fournit une ample matière à son dévouement. Rien ne lui était étranger : ni l'éducation des enfants, ni le soin des malades, ni l'apprentissage des jeunes ouvriers, ni l'instruction des orphelins, ni les soulagements accordés à la vieillesse et à toutes sortes d'infirmités. Chaque cri de détresse trouvait un écho dans son cœur, parce que ce cœur était puissamment dilaté par l'amour du pauvre. Mais pendant les ravages de l'épidémie, il s'est dépensé tout entier ; il allait chaque jour auprès des malades, s'occupant avec une sollicitude paternelle de tout ce qui pouvait les soulager, et il y mettait une ardeur qu'on ne lui connaissait pas dans les autres circonstances. C'est là sans doute qu'il a contracté les premiers germes de la fièvre dévorante qui l'a consumé en quelques jours; s'il en est ainsi, c'est un glorieux souvenir pour sa mémoire, puisqu'il est mort martyr de la miséricorde.

» Mais ces deux vertus, quelque belles qu'elles soient, ne sont point chrétiennes ni méritoires devant Dieu, quand on ne les accomplit pas avec les lumières et sous l'inspiration de la foi. Car sans la foi, il est impossible de plaire à Dieu. En dehors de ce principe, on peut bien s'attirer l'estime et la considération des hommes, et Dieu le permet ainsi, selon St-Augustin, afin que chaque chose reçoive une récompense conforme à sa nature: les vertus humaines, une récompense terrestre et passagère ; les vertus surnaturelles, une récompense divine et éternelle.

» Ce qui caractérisait le chrétien généreux à qui nous rendons hommage, c'était une foi profonde, inaltérable. Il l'avait puisée, dès ses jeunes années, dans le sein de sa famille ; et elle s'était fortifiée en lui par une forte et solide instruction, et surtout par la pratique du bien : « car celui qui fait le mal, déteste » la lumière, dit le saint Evangile, mais celui qui fait le bien, » la cherche ; il s'y complaît, il la goûte ; il y trouve chaque » jour de nouvelles clartés. »

» La foi était pour lui le premier de tous les biens ; il l'estimait à sa juste valeur. C'est pourquoi il voulut qu'elle devint le principal héritage de sa nombreuse famille, et il s'appliqua à donner à ses enfants une éducation solidement chrétienne : continuant ainsi le rôle admirable de cet homme d'une foi antique et patriarcale dont les exemples sont restés si puissants parmi ses nombreux descendants.

» Or l'esprit de piété et de religion qu'il entretenait dans l'intérieur de sa famille, plus encore par l'exemple que par la parole, y portait les fruits les plus délicieux de paix, d'union et de concorde fraternelle. La tendresse qu'il témoignait à ses enfants était vivement partagée. Leur bonheur était de se réunir autour de ce père si bon et si dévoué, ils semblaient vivre de sa vie : l'estime, la vénération, l'affection, la piété filiale, la confiance composaient l'heureux mélange des sentiments qui animaient leur âme. Hélas ! leur joie devait être brisée si tôt ! Séparation d'autant plus cruelle que l'union avait été plus forte et plus intime ! Séparation qui les rendrait inconsolables, s'ils n'étaient fortement chrétiens comme leur père, et s'ils n'avaient pas entendu cette parole de l'Apôtre : « Ne vous affligez pas » comme ceux qui n'ont pas d'espérance ; *non contristemini* » *sicut et cœteri qui spem non habent.* »

» Bon et tendre père, il est bien dur pour vos enfants de vous perdre si jeunes encore ! Ah ! que ce calice est amer ? Orphelins, privés d'un si puissant appui, que deviendront-ils ? Bon père, du haut du ciel, ne veillerez-vous pas sur vos enfants !

» Consolez-vous, dignes enfants d'un tel père ! Il ne vous quitte pas ; il vous répond encore, quoique sa dépouille soit froide, que ses lèvres soient muettes, et que ses yeux soient fermés pour toujours. *Defunctus adhuc loquitur.* Il vous parle par les exemples de sa vie, et il vous invite à l'imiter. Lui aussi il a souffert beaucoup, pendant les jours de son pélerinage. Comme il était juste, il a dû passer par l'épreuve et la tentation, et il a bu jusqu'à la lie le calice de l'affliction et de la tristesse. Il a vu la mort frapper à coups redoublés sur les objets qui lui étaient les plus chers, et il a pu s'écrier avec le prophète des lamentations : « L'ennemi a porté la main sur tous mes trésors ; » il m'a ravi ce que j'avais de plus désirable. » Et toutefois au milieu de tant d'afflictions et d'angoisses, il n'a point été abattu ; il a mis son espérance dans le Seigneur, et sa foi a triomphé de toutes les épreuves. Que dis-je, l'adversité a mis le comble à sa gloire ; car la souffrance endurée patiemment au nom de Jésus-Christ, imprime le dernier cachet à la perfection du chrétien, elle ajoute un nouvel éclat à sa couronne immortelle.

» Chrétien vrai, sincère, fidèle, il mit toujours sa conduite en conformité parfaite avec sa croyance. Ce qu'il croyait dans son cœur, il le professait de bouche, sans jamais ressentir les lâches impressions du respect humain, et il le pratiquait avec autant de dignité que de soumission. Quel respect pour Dieu ! Quel amour pour Notre-Seigneur Jesus-Christ ! Avec quel sentiment de foi il s'approchait de la sainte table, pour recevoir le Dieu de charité qui veut bien se communiquer à nous sous de si faibles apparences ! Quelle ferveur dans sa prière ! Ame vraiment grande, noble dans sa simplicité, sublime dans sa résignation à la volonté de Dieu !

» Il aimait ardemment l'Eglise de Jésus-Christ, et il ne parlait qu'avec attendrissement du grand et bien-aimé Pontife Pie IX ; il était dévoué à toutes les œuvres du catholicisme, en quelque lieu qu'elles s'accomplissent ; car le cœur du chrétien est plus grand que le monde, puisqu'il aspire à Dieu. Une de ses plus grandes joies fut celle qu'il ressentit, quand par l'entremise d'une bouche auguste, il apprit contre son attente et sans en avoir été prévenu qu'il venait d'être nommé chevalier de l'ordre de St-Grégoire-le-Grand. Pie IX lui accordait cette insigne faveur pour son noble dévouement à la cause catholique et les services éminents qu'il avait rendus à l'Eglise. Le généreux chevalier de la sainte cause était fier et heureux d'un si grand honneur ; à ses yeux toutes les distinctions humaines pâlissaient à côté de celle-ci qui lui semblait comme un gage assuré de la récompense céleste.

» Telle était sa vie, tels étaient ses sentiments, quand tout-à-coup un mal violent vint l'assaillir et le serrer dans ses étreintes mortelles. Il avait commencé depuis quelques jours sa retraite annuelle, et il se proposait de la terminer par une communion fervente le jour de l'Immaculée-Conception. La maladie ne lui laissa pas cette dernière consolation. Elle sembla même, dans les accès d'une fièvre brûlante, vouloir lui ravir la pleine possession de ses facultés. Mais Dieu veillait sur son serviteur fidèle, en lui ménageant la séparation cruelle qui l'arrachait à l'affection de ses enfants, il lui accordait des moments de calme et de repos ; et c'est à la faveur de ces instants précieux que le pieux malade put recevoir avec des dispositions parfaites le Saint-Viatique et le sacrement des mourants : Immense consolation pour sa famille chrétienne !

» Enfin, au bout de dix jours de souffrances, il remettait entre les mains de Dieu son âme confiante, entouré de tous ses enfants dont les prières et les larmes l'accompagnèrent jusqu'au pied du tribunal de la miséricorde divine.

» Pouvions-nous nous taire en présence du spectacle édifiant que nous offre une vie toute entière? Si nous nous taisions, les murs de cette église, toutes les pierres de cette enceinte sacrée parleraient et rediraient son nom. Car il aimait la splendeur de la maison de Dieu. Pendant de longues années, il fut le président du Conseil de fabrique de la paroisse de Notre-Dame, et il eut la plus large part à la construction de cette magnifique église qui fait la gloire de notre cité. Oui, ce temple fut pour lui la porte du Ciel, le vestibule de la Jérusalem céleste, et nous avons la ferme espérance que de cette terre d'exil son âme sera élevée vers les tabernacles éternels.

» Cependant, comme l'imperfection se mêle ici-bas à toutes les vertus humaines, et que le séjour de la gloire ne s'ouvre qu'aux âmes entièrement purifiées, prions avec instance la bonté infinie, qu'elle daigne achever les dernières expiations, et qu'elle fasse goûter à cette âme bienheureuse les délices de la justice parfaite.

» Et nous, mes frères, en présence de ces grands exemples, ranimons notre foi et notre ferveur ; relevons vers le Ciel nos regards trop souvent abattus vers la terre, et pensons, pensons sérieusement à notre destinée éternelle.

» Ainsi soit-il ! »

Extrait de l'ÉCHO DE LA FRONTIÈRE

du 20 Décembre 1866.

« Un grand malheur vient de frapper l'une des plus honorables familles de notre cité. M. Théophile Delcourt a succombé, lundi dernier, à une maladie violente, qui, en moins de dix jours, l'a emporté à un âge où il pouvait encore se promettre un certain nombre d'années.

» Sa mort est un deuil public : ses enfants, sa famille, ses amis, les pauvres, et jusqu'à ses serviteurs, les Sociétés de bienfaisance et de charité, le clergé, les membres les plus élevés des administrations, tous ressentent profondément le contre-coup d'une perte qui laisse un grand vide et inspire d'unanimes regrets.

» M. Delcourt était depuis 1846 directeur de la succursale de la Banque de France à Valenciennes ; et il s'est toujours acquitté de ces hautes fonctions avec une loyauté, une sagesse, une prudence consommées. Il a traversé les époques les plus désastreuses, sans laisser en rien s'affaiblir le crédit de la Succursale qu'il dirigeait, et l'on sait les services inappréciables qu'en ces circonstances pénibles il a rendus au commerce et à l'industrie de Valenciennes et de tout l'arrondissement. Bien des établissements lui doivent d'être restés fermes et inébranlables au milieu du tourbillon qui faisait tant de ravages.

» Cette charge importante ne l'empêchait pas de donner une partie de son temps et de ses soins aux intérêts publics. Il fut membre du Conseil municipal pendant vingt ans, et il remplit même quelque temps les fonctions d'adjoint. Pendant dix ans, il siégea comme juge au Tribunal de Commerce, et il s'y distingua par son esprit d'intégrité et de droiture, qui le recommandait à tous les partis.

» Ces rares qualités qu'il déployait dans la vie publique, se manifestaient au plus haut point dans la vie privée. Père d'une nombreuse famille, il sut inspirer à tous ses enfants, par l'exemple autant que par la parole, les plus nobles sentiments, l'amour du bien et de la religion, et ils aimaient à se grouper autour de lui avec une vénération et une tendresse que rien ne peut égaler, si ce n'est le regret et la désolation que leur cause sa mort prématurée.

» Mais il avait encore une autre famille : c'étaient les pauvres, les infirmes et les malades. Pendant vingt-huit ans il fut administrateur des Hospices et du Bureau de bienfaisance, et la veille même du jour où il tomba, il s'occupait encore activement de ceux qu'il regardait comme ses amis.

» Et sans se contenter de la charité administrative, il voulut, pour entrer plus immédiatement en communication avec eux, s'associer à l'œuvre magnifique de la conférence de St-Vincent de Paul, et il en devint bientôt le président. Il connaissait tous les pauvres ; il les visitait avec intérêt, et pour ainsi dire avec amour. Il prenait part à leurs peines et à leurs privations ; en un mot il en était véritablement le père.

» On n'admirait pas moins en lui le chrétien convaincu et fidèle, dont la conduite était toujours conforme à la foi, et qui pouvait être offert comme modèle à toute une grande ville. Depuis quarante ans, s'est-il fondé en notre cité une seule œuvre de charité ou de piété à laquelle il n'ait pas prêté le concours le plus actif et souvent le plus efficace ? Président du Conseil de fabrique de la paroisse de Notre-Dame, il a contribué pour une large part à la construction de cette basilique qui fait l'orgueil de Valenciennes ; et ce fut en ces circonstances solennelles que le Souverain-Pontife lui a conféré la croix de l'ordre de Saint-Grégoire-le-Grand, pour le récompenser des services éminents qu'il avait rendus à la cause catholique. »

Extrait DU COURRIER DU NORD

du 21 Décembre 1866.

Mercredi matin ont été célébrées les obsèques de M. THÉOPHILE DELCOURT, directeur de la Banque de France, membre de la Commission administrative des hospices et président du Conseil de fabrique de Notre-Dame, chevalier de l'ordre de Saint-Grégoire-le-Grand.

M. Bracq, maire de la ville, a prononcé au cimetière le discours suivant qui résume exactement la vie du défunt :

« Messieurs,

» Il est dans la vie des époques qui laissent après elles des traces profondes et cruelles, des plaies vives et sanglantes que le temps même n'a pas toujours le pouvoir de cicatriser. Nous traversons une de ces époques fatales, où les noms les plus honorés, les existences les plus largement utiles disparaissent tour à tour avec une si foudroyante rapidité qu'elle ne nous laisse que le sentiment de notre impuissance et de notre néant. Que cette instabilité des hommes et des choses, Messieurs, ne nous trouve cependant ni découragés ni indifférents, qu'elle ne nous fasse surtout pas perdre de vue que la vie a ses devoirs et que bien malheureux est celui qui en arrive au terme sans les avoir accomplis. Telle n'est pas l'impression que nous éprouvons en conduisant à sa dernière demeure celui dont la vie fut si pleine, si exemplaire. En retraçant sommairement les principaux traits de cette vie, c'est autant un hommage que nous voulons rendre à la mémoire de celui que nous pleurons, qu'un enseignement qui peut être profitable à tous.

» Théophile Delcourt appartenait à une famille de négociants aussi estimables qu'estimés qui vint s'établir à Valenciennes. Mis de bonne heure à la tête des affaires, allié à une famille valenciennoise dont il ne m'appartient pas de faire l'éloge, il ne tarda pas à se faire remarquer par de sérieuses qualités, qui bientôt le désignèrent à l'attention et au choix de ses concitoyens. Successivement appelé au Conseil municipal, au Tribunal de commerce, il se distingua toujours par son impartialité et la netteté de son jugement. Homme d'une piété sincère, d'une ardente charité, il ne tarda pas à faire partie des membres de l'Administration des hospices et du bureau de bienfaisance. Il s'identifia, on peut le dire, à cette administration et en devint l'âme. Administrateur aussi intelligent qu'actif et dévoué. il introduisit dans ces divers services des améliorations et une régularité dont on gardera longtemps le souvenir. Les pensionnaires des divers établissements le regardaient comme un père, et c'était à lui qu'ils s'adressaient quand ils voulaient obtenir ces petites faveurs quelquefois peu compatibles avec la discipline ; mais dans son affection pour eux il était toujours ingénieux à trouver moyen de tout concilier. Il ne m'appartient pas de devancer le jugement public, mais profond serait mon étonnement si son souvenir ne se confondait un jour avec celui du vénérable M. Desfontaines, de charitable mémoire.

» Comme tous les hommes de son époque, Delcourt dut partager cette vie de luttes ardentes et passionnées qui divisaient alors la France en deux camps. Homme de conviction, de nature énergique, il défendait ses opinions avec une vivacité qui lui valut quelques inimitiés. Ainsi sont souvent jugés les hommes, à la surface. Là où il défendait des principes, d'aucuns s'obstinaient à voir des attaques aux personnes, et cependant on peut dire que l'heure de la bataille passée, il n'y avait plus pour lui d'adversaires et que sa main généreuse et bienveillante se tendait vers tous avec la même affection. Je ne sais si tous lui ont pardonné, mais je jure qu'il avait pardonné à tous. Qu'il ne m'en veuille pas de là haut d'une indiscrétion que je ne croyais pas hélas ! commettre sitôt. Mais la veille de la terrible maladie qui l'a si vite enlevé, s'exprimant en termes chaleureux sur le compte d'un homme, son adversaire depuis longues années, et à propos de l'épidémie dernière, il exprimait le désir qu'un dévouement qui ne s'était pas démenti depuis trente-cinq ans reçût enfin une éclatante récompense. Mais j'ai hâte d'arriver à cette période de son existence qui sans rien infirmer ni diminuer du mérite des autres, l'éleva si haut dans l'opinion publique, je veux parler de sa nomination comme directeur de la Banque de France en cette ville. A peine installé à son poste, la Banque eut bien vite occasion de reconnaître combien avait été judicieux son choix.

» En effet, la révolution de 1848 qui s'abattit sur la France menaçant de tout détruire, de tout engloutir, trouva ici le jeune directeur calme, froid, énergique, dominant la situation loin de se laisser abattre par elle. Résolu de sauvegarder les graves intérêts qui lui avaient été confiés, mais résolu aussi de sauver le pays. Ce fut, en effet, grâce à la justesse de ses appréciations, ainsi qu'à la prudente hardiesse de ses combinaisons, que notre bel arrondissement fut sauvé des immenses désastres que n'aurait pas manqué d'amener une direction hésitante et moins habile. On peut donc dire que le nouveau directeur gagna noblement ses éperons à la bataille de 1848. Depuis cette époque, bien des circonstances graves ont assombri l'horizon, mais toujours les nuages amoncelés se sont dissipés devant l'intelligence et l'habileté de la direction. Que d'établissements sauvés par de sages concessions, ou arrêtés dans leur essor imprudent, soit par de bons et paternels conseils, soit par une rigueur salutaire. La Banque de France perd en Delcourt un de ses directeurs les plus habiles et les plus dévoués, et le monde financier, commercial et industriel conservera toujours avec reconnaissance le souvenir d'une direction qui, depuis vingt ans, a si puissamment contribué au développement de sa prospérité.

» Président de la fabrique de la paroisse de Notre-Dame, ces fonctions se revêtirent entre ses mains d'un éclat inaccoutumé. Personne n'ignore que ce fut surtout à son intelligente initiative et à sa haute influence que fut dû le succès de la souscription qui permit enfin de jeter les fondements de la magnifique basilique dans laquelle retentissaient il n'y a qu'un instant les chants funèbres, premier épisode des douloureuses cérémonies auxquelles nous assistons. La décoration qui lui fut accordée par le Souverain-Pontife fut une récompense méritée, mais pour lui bien précieuse, de ses services et de son zêle infatiguable.

» Je viens de parler de son zêle infatiguable, trop infatiguable, hélas ! car dans des organisations aussi impressionnables et aussi généreuses que la sienne, les forces sont rarement à la hauteur du dévouement. Nous en faisons aujourd'hui la cruelle expérience. Comme nous tous, plus que nous tous, il venait de traverser des journées terribles, fertiles en incidents douloureux, en poignantes émotions. Toujours sur la brèche, alors que la mort planait dans tous les quartiers de la ville, portant partout où le besoin se faisait sentir secours et consolations; le jour même de la première apparition du mal qui l'a emporté, il devait terminer pour le quartier qui lui était échu le travail de répartition du produit de la souscription en faveur des victimes du choléra. Fatigué déjà de ses nombreux travaux, il n'a pu résister au douloureux tableau de toutes ces misères et aux émotions qui en étaient la suite, il succomba, mais en vrai soldat de la charité, sur le champ de bataille. Pleurons-le, Messieurs, mais ne murmurons pas contre le genre de sa mort, il était le seul digne de sa vie.

» Il lègue à ses enfants un vide immense, une immense douleur, mais il leur lègue en même temps le souvenir de sa résignation aux volontés du Tout-Puissant, il leur lègue l'exemple de ses fortes vertus. De bonne heure, il les a préparés à suivre d'un pas ferme le rude sentier des épreuves de cette vie, et ils savent que le meilleur moyen de lui prouver leur affection ne consiste pas dans une stérile douleur, mais dans la pratique des enseignements dont il a laissé le germe dans leurs cœurs.

» Ta tâche est terminée, Delcourt, et tu as noblement préparé la leur. Tu ne seras donc point entièrement perdu pour nous, tu revivras ici-bas dans tes enfants. Jouis en paix là-haut de la récompense que t'ont si bien méritée tes rudes labeurs dans cette vie. Une dernière fois, adieu, Delcourt, adieu mon ami, adieu. »

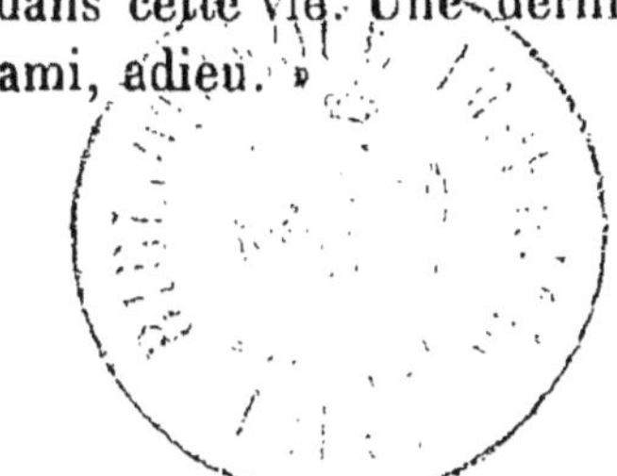

Valenciennes — Imp. Louis HENRY

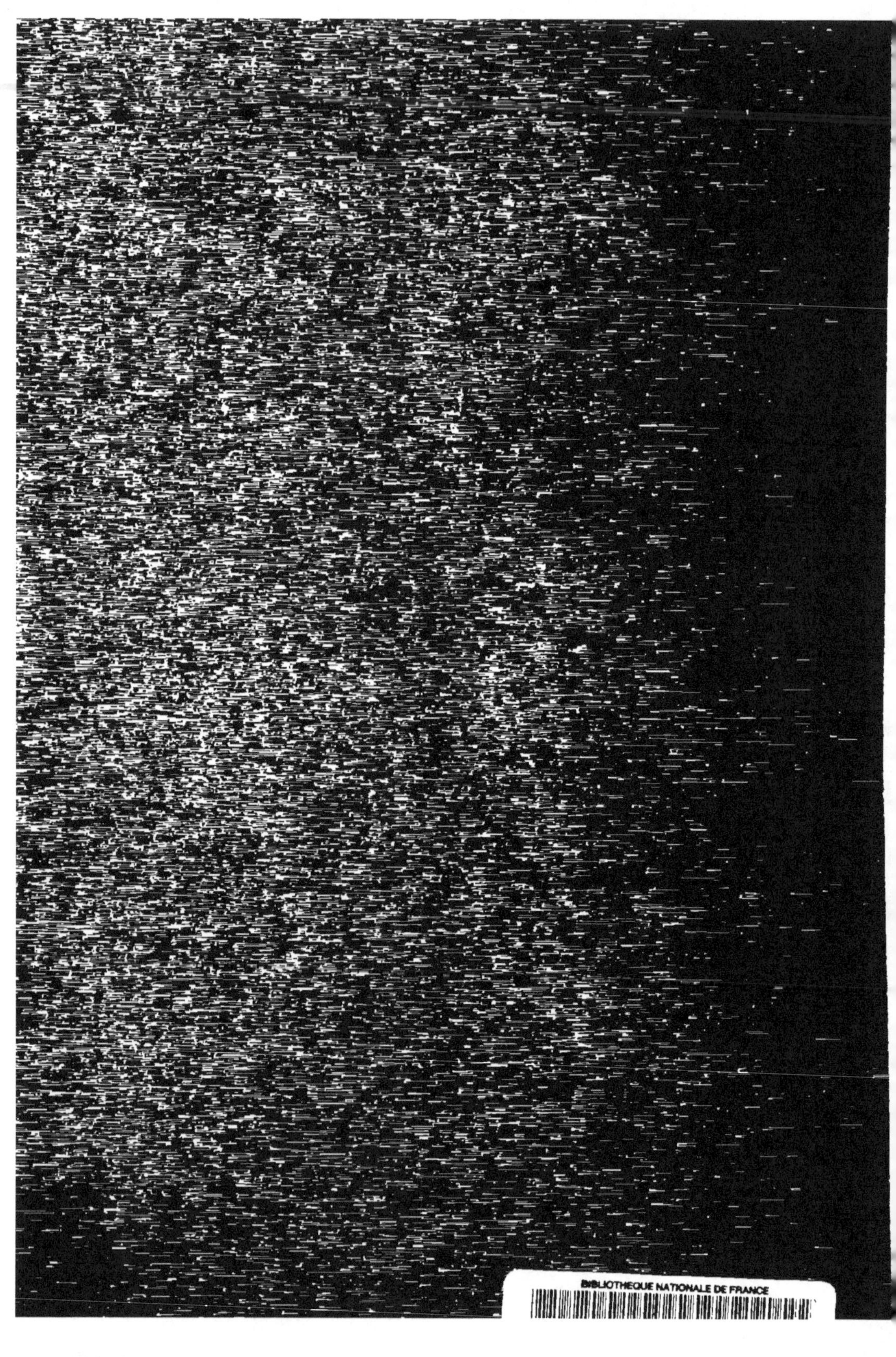
BIBLIOTHEQUE NATIONALE DE FRANCE

www.ingramcontent.com/pod-product-compliance
Lightning Source LLC
La Vergne TN
LVHW010312230826
846091LV00007B/3115

* 9 7 8 2 0 1 1 7 9 1 9 6 2 *